RÉPUBLIQUE FRANÇAISE

MINISTÈRE DE LA GUERRE

CAHIER DES CLAUSES ET CONDITIONS GÉNÉRALES

DU 15 OCTOBRE 1921

APPLICABLES AUX

MARCHÉS

DE TRAVAUX DE CONSTRUCTIONS MILITAIRES

CHARLES-LAVAUZELLE & Cⁱᵉ

Éditeurs militaires

PARIS Boulevard Saint-Germain, 124

IMⁱ GⁱS, 62, Avenue Baudin | 13, Rue Stanislas, NANCY

1925

Cahier des clauses et conditions générales applicables aux marchés de travaux de constructions militaires.

(Direction du Contrôle et du Contentieux.)

Paris, le 15 octobre 1921.

Art. 1er.

Dispositions générales.

Tous les marchés relatifs à l'exécution des travaux de constructions dépendant du Département de la guerre, qu'ils soient passés dans la forme d'adjudication publique, ou qu'ils résultent de conventions faites de gré à gré, sont soumis, en tout ce qui leur est applicable, aux dispositions ci-après.

TITRE Ier.

Passation des marchés.

Art. 2.

Mode de passation des marchés par adjudication.

Les adjudications sont passées par des commissions d'adjudication, dans les formes et avec les garanties prévues dans le document ayant pour titre : « Instruction relative aux marchés du Département de la guerre ».

Les conditions à remplir pour être admis à concourir à ces adjudications sont indiquées par cette instruction.

Art. 3.

Cautionnements.

Le cahier des charges spéciales de chaque entreprise détermine la nature et l'importance des cautionnements à produire.

Ces cautionnements sont réalisés dans les conditions fixées par le décret relatif aux adjudications et aux marchés passés au nom de l'Etat (1) et par le titre V de l'instruction relative aux marchés du Département de la guerre.

La cautionnement définitif est constitué dans le département où se fait l'adjudication, et doit être réalisé dans les quinze jours qui suivent la notification de l'approbation du marché.

Il reste affecté à la garantie des engagements contractés par l'adjudicataire jusqu'à la réception définitive des travaux. Toutefois, le Ministre peut, dans le cours de l'entreprise, autoriser la restitution de tout ou partie du cautionnement.

Art. 4.

Approbation de l'adjudication.

L'adjudication n'est valable qu'après l'approbation de l'autorité compétente. L'entrepreneur ne peut prétendre à indemnité dans le cas où l'adjudication n'est point approuvée.

Si l'approbation du marché n'a pas été notifiée à l'adjudicataire à partir de la date du procès-verbal d'adjudication dans un délai de trente jours, lorsque l'approbation est réservée au Ministre, dans un délai de dix jours lorsque l'approbation est donnée par délégation, l'adjudicataire est libre de renoncer à l'entreprise et, sur la déclaration écrite de cette renonciation, il lui est donné mainlevée de son cautionnement.

Mais s'il n'a pas usé de cette faculté avant d'avoir reçu la notification de l'approbation du marché, il sera engagé irrévocablement vis-à-vis de l'Etat.

Art. 5.

Pièces à délivrer à l'entrepreneur.

Aussitôt après l'approbation de l'adjudication, le chef du service délivre sans frais, à l'entrepreneur, sur son récépissé, une copie, certifiée conforme, du procès-verbal d'adjudication, un exemplaire du présent cahier des charges et une copie, certifiée conforme, du cahier des charges spéciales, ainsi que des autres pièces expressément désignées dans ledit cahier comme servant de base au marché, qui ne seraient pas dans le domaine public.

Art. 6.

Marchés de gré à gré.

I. — GARANTIES A EXIGER DES ENTREPRENEURS.

Toutes les garanties exigées des concurrents pour être admis aux adjudications peuvent l'être également de ceux avec lesquels il est traité de gré à gré.

---

(1) Décret du 18 novembre 1882

II. — MODE DE PASSATION DES MARCHÉS DE GRÉ A GRÉ.

Les marchés de gré à gré sont passés par le Ministre ou par ses délégués dans les formes prévues dans l'instruction relative aux marchés du Département de la guerre (1).

III. — APPROBATION DES MARCHÉS.

Les dispositions de l'article 4 ci-dessus relatives au délai d'approbation des adjudications publiques sont applicables aux marchés de gré à gré.

Art. 7.

Frais auxquels donne lieu la passation des marchés.

L'entrepreneur acquitte les droits de timbre et d'enregistrement auxquels donne lieu son marché, tels que ces droits résultent des lois et règlements en vigueur.

Les pièces expressément désignées dans le cahier des charges spéciales, qui n'ont pas le caractère d'un document administratif d'une application générale, doivent être considérées comme des annexes spéciales du marché et être soumises à la formalité du timbre.

Les frais d'impression et de publicité sont à la charge de l'administration.

Art. 8.

Domicile de l'entrepreneur.

L'entrepreneur est tenu d'élire domicile à proximité des travaux et de faire connaître le lieu de ce domicile au chef du service. Faute de remplir cette obligation dans un délai de quinze jours à partir de la notification de l'approbation de l'adjudication, toutes les notifications qui se rattachent à son entreprise sont valables, lorsqu'elles sont faites à la mairie de la commune désignée à cet effet par le cahier des charges spéciales.

Après réception définitive des travaux, l'entrepreneur est relevé de l'obligation d'avoir un domicile à proximité des travaux. S'il ne fait pas connaître son nouveau domicile au chef du service, les notifications relatives à son entreprise sont valablement faites à la mairie ci-dessus désignée.

---

(1) Titre II.

TITRE II.

Exécution des travaux.

Art. 9.

Défense de sous-traiter sans autorisation.

L'entrepreneur ne peut céder à des sous-traitants aucune partie de son entreprise sans l'autorisation du Ministre.

Dans tous les cas, il demeure personnellement responsable, tant envers l'administration qu'envers les ouvriers et les tiers.

Si un sous-traité est passé sans autorisation, le Ministre peut, soit prononcer la résiliation pure et simple de l'entreprise, soit procéder à une nouvelle adjudication aux risques et périls de l'entrepreneur.

Art. 10.

Ordres de service pour l'exécution des travaux.

Un registre spécial, dit registre d'ordres, reçoit l'inscription de tous les ordres, instructions, délivrances de tracés et communications de toute nature qui doivent être notifiés à l'entrepreneur. Ce registre est déposé dans les bureaux du service.

Chaque ordre, daté et signé, est aussitôt présenté à l'entrepreneur ou à son représentant dûment accrédité qui est tenu de le dater et de le signer. En cas de refus ou d'absence, l'ordre est notifié à l'entrepreneur à son domicile, par un agent assermenté qui en dresse procès-verbal.

Lorsque l'entrepreneur ne signe le registre d'ordres qu'avec réserve ou refuse de le signer, il doit formuler ses observations par écrit dans un délai de dix jours francs à partir de la signature de l'ordre ou de la notification administrative ci-dessus prévue.

Passé ce délai, l'entrepreneur est réputé avoir accepté l'ordre avec toutes ses conséquences.

L'entrepreneur doit se conformer aux prescriptions des ordres de service, quelles que soient les réclamations qu'il ait à présenter. En cas de contestation, l'état des choses et des lieux est préalablement constaté, par procès-verbal, en présence de l'entrepreneur ou lui dûment appelé par écrit, si l'exécution de l'ordre donné doit avoir pour effet de le modifier ou de le faire disparaître.

Le chef du service règle l'ordre de succession des travaux et l'époque de leur exécution, à moins de dispositions particulières du cahier des charges spéciales.

Il détermine, s'il le juge nécessaire, l'importance des moyens à employer en hommes, en matériaux et en approvisionnements, sans que l'entrepreneur puisse se prévaloir des conséquences de la direction ainsi donnée aux chantiers pour réclamer une indemnité, sauf le cas de fausse manœuvre provenant du fait de l'administration.

L'entrepreneur reçoit gratuitement du chef du service, au cours de l'entreprise, une expédition certifiée conforme de chacun des dessins de détail et autres documents nécessaires à l'exécution des travaux. Ces dessins et documents seront rendus à l'administration aussitôt après l'achèvement des travaux.

L'entrepreneur se conforme strictement aux plans, profils, tracés, ordres de service, et, s'il y a lieu, aux types et modèles qui lui sont donnés par le chef du service pour les travaux.

Il se conforme également aux changements qui lui sont prescrits, en cours d'exécution des travaux, par la voie du registre d'ordres.

Le règlement des dépenses est fait conformément aux ordres ainsi donnés par écrit; en aucun cas, l'entrepreneur n'est admis à invoquer des ordres verbaux pour réclamer le payement des travaux exécutés par lui.

Art. 11.

Police des chantiers.

Le personnel de l'entreprise est soumis, sur les chantiers, à la police des agents de l'administration.

L'entrepreneur est tenu d'observer et de faire observer les consignes établies par le chef du service pour le bon ordre des travaux et la police des chantiers.

Dans les cas motivant une arrestation, l'individu, appréhendé, est remis entre les mains de l'autorité judiciaire, conformément aux dispositions des articles 22 et 23 du titre VI de la loi du 10 juillet 1791 (vol. 48^3).

Il est interdit à l'entrepreneur de faire travailler les ouvriers les dimanches et jours fériés.

Art. 12.

Présence de l'entrepreneur sur les lieux des travaux.

Pendant la durée de l'entreprise, l'adjudicataire ne peut s'éloigner du lieu des travaux qu'après avoir fait agréer, par le chef du service, un représentant capable de le remplacer, de manière qu'aucune opération ne puisse être retardée ou suspendue à raison de son absence.

L'entrepreneur se rend dans les bureaux du service et se trouve sur les chantiers de travaux ou dans les ateliers, toutes les fois qu'il en est requis par le chef du service.

Art. 13.

Choix des commis, chefs d'ateliers et ouvriers.

L'entrepreneur ne peut prendre comme commis et chefs d'ateliers que des hommes capables de l'aider et de le remplacer, au besoin, dans la conduite et le métrage des travaux.

Le chef du service a le droit d'exiger le changement ou le renvoi des agents et ouvriers de l'entrepreneur pour insubordination, incapacité ou défaut de probité.

L'entrepreneur est responsable des fraudes ou malfaçons qui seraient commises par ses agents et ouvriers dans la fourniture et l'emploi des matériaux.

Art. 14.

Liste nominative des ouvriers.

Le nombre des ouvriers de chaque profession est proportionné à la quantité d'ouvrages à faire. Pour mettre le chef du service à même d'assurer l'accomplissement de cette condition, il lui est remis périodiquement, et aux époques par lui fixées, une liste nominative des ouvriers indiquant, s'il y a lieu, leur nationalité.

Art. 15.

Outils, équipages et faux frais de l'entreprise.

L'entrepreneur est tenu de fournir, à ses frais, tous les locaux, équipages, voitures, apparaux, ustensiles et outils de toute espèce nécessaires à l'exécution des travaux, sauf les exceptions stipulées au cahier des charges spéciales.

Sont également à sa charge l'établissement des chantiers et chemins de service et les indemnités y relatives, les frais de pesage, de tracé et de métré des ouvrages, ceux résultant des mesures de police et de voirie édictées par les autorités civile et militaire, les taxes de voirie motivées par les dispositions que nécessite l'exécution des travaux, et généralement toutes les dépenses et tous les faux frais relatifs à son entreprise.

Sont à la charge de l'État les taxes de voirie relatives au mode de construction, telles que ouverture de baies, surhaussement des murs, établissement de balcons, etc...

Art. 16.

Carrières désignées au devis.

Les matériaux sont pris.dans les lieux indiqués au devis ou au cahier des charges spéciales.

L'entrepreneur y ouvre, au besoin, des carrières à ses frais.

Il est tenu de se conformer aux lois et règlements pour tout ce qui concerne les extractions de matériaux.

Il paye, sans recours contre l'administration et en se conformant aux lois et règlements sur la matière, tous les dommages qu'ont pu occasionner la prise ou l'extraction, le transport et le dépôt des matériaux.

L'entrepreneur doit justifier, toutes les fois qu'il en est requis, de l'accomplissement des obligations énoncées dans le présent article ainsi que du payement des indemnités pour l'établissement de chantiers et de chemins de service.

- Art. 17.

Carrières proposées par l'entrepreneur.

Si l'entrepreneur demande à substituer aux carrières indiquées au devis ou au cahier des charges spéciales d'autres carrières fournissant des matériaux d'une qualité que le chef du service reconnaît au moins égale, il reçoit l'autorisation d'employer ces matériaux et ne subit, sur les prix de l'adjudication, aucune réduction pour diminution des frais d'extraction, de transport et de taille des matériaux; mais il n'a droit non plus à aucune indemnité.

A défaut d'accord avec les propriétaires des nouvelles carrières, il peut aussi obtenir l'autorisation de les exploiter

Art. 18.

Défense de livrer au commerce les matériaux extraits des carrières désignées.

L'entrepreneur ne peut, sans l'autorisation écrite du propriétaire, employer, soit à l'exécution de travaux privés, soit à l'exécution de travaux publics autres que ceux en vue desquels l'autorisation a été accordée, les matériaux qu'il a fait extraire dans les carrières exploitées par lui, en vertu du droit qui lui a été conféré par l'administration,

Art. 19.

Spécifications relatives aux matériaux et objets à fournir ou à employer.

I. — QUALITÉ DES MATÉRIAUX.

Les matériaux doivent être de la meilleure qualité dans chaque espèce, être parfaitement travaillés et mis en œuvre conformément aux règles de l'art ; ils ne peuvent être employés qu'après avoir été vérifiés et provisoirement acceptés par le chef du service ou par ses délégués. Nonobstant cette acceptation et jusqu'à la réception définitive des travaux, ils peuvent, en cas de surprise, de mauvaise qualité ou de malfaçons, être rebutés par le chef du service et ils sont alors remplacés par l'entrepreneur.

II. — PROVENANCE DES MATÉRIAUX.

Sauf les exceptions prévues au cahier des charges spéciales, les matériaux et matières doivent être d'origine française ou provenir des colonies françaises ou des pays de protectorat Les objets doivent être de fabrication française ou bien avoir été fabriqués, soit dans les colonies françaises, soit dans les pays de protectorat.

L'entrepreneur sera tenu de justifier de l'origine (par la production des plombs, lettres de voitures, etc.), toutes les fois qu'il en sera requis.

Les matériaux dont la provenance est stipulée au marché pourront être remplacés par des matériaux similaires d'une autre provenance, mais remplissant les conditions spécifiées ci-dessus, lorsqu'ils auront été agréés par le chef du service.

III. — ÉCHANTILLONS-TYPES.

Chaque entrepreneur pourra être requis, par l'ordre lui notifiant un travail à mettre en chantier, de déposer au bureau du service, aux frais de l'État, un échantillon-type des matériaux et objets de toute nature usinés ou non, à mettre en œuvre dans le travail prescrit.

Si les matériaux et objets mis en place n'étaient pas conformes à l'échantillon, l'administration aurait le droit d'en exiger le remplacement aux frais de l'entrepreneur.

IV. — TRAVAUX COMPORTANT L'APPLICATION DE SYSTÈMES BREVETÉS.

Lorsque le travail comporte l'application de systèmes brevetés appartenant à l'adjudicataire, celui-ci agit en la double qualité d'architecte et d'entrepreneur, au point de vue des responsabilités prévues par la loi.

L'entrepreneur garantit notamment l'Etat contre toute action qui pourrait lui être intentée au sujet de la propriété industrielle du système qu'il emploie.

Art. 20.

Enlèvement des matériaux et objets sans emploi.

L'entrepreneur doit enlever des chantiers, dans un délai déterminé par le chef du service, le matériel de l'entreprise et les matériaux refusés ou en excédent après la construction ou en fin de marché; faute de quoi ces objets peuvent être, trente jours après mise en demeure d'enlever, déposés sur des terrains pris en location, ou vendus aux enchères par le ministère d'un officier public, le tout aux frais de l'entrepreneur et sans qu'il puisse élever aucune réclamation.

En cas de vente aux enchères, le produit net de la vente est versé, au nom de l'entrepreneur, à la Caisse des dépôts et consignations.

Art. 21.

Dimensions et dispositions des ouvrages.

L'entrepreneur ne peut, de lui-même, apporter aucun changement au projet.

Il est tenu de faire immédiatement, sur l'ordre écrit du chef du service, remplacer les matériaux ou reconstruire les ouvrages dont les dimensions ou les dispositions ne sont pas conformes aux ordres de service ou aux dessins d'exécution.

Si le chef du service reconnaît que les changements faits par l'entrepreneur peuvent être maintenus, l'entrepreneur n'a droit à aucune augmentation de prix, à raison des dimensions plus fortes ou de la valeur plus considérable que peuvent avoir les matériaux ou les ouvrages. Dans ce cas, les métrages sont basés sur les dimensions prescrites par les ordres de service ou les dessins d'exécution. Si, au contraire, les dimensions sont plus faibles ou la valeur des matériaux moindre, les métrés ou les prix sont établis d'après le travail réellement fait.

Art. 22.

Démolition d'anciens ouvrages.

Lorsque l'exécution des travaux comporte la démolition d'anciens ouvrages, les matériaux doivent être déplacés avec soin pour qu'ils puissent être façonnés de nouveau et employés, s'il y a lieu.

Art. 23.

Objets trouvés dans les fouilles.

L'administration se réserve la propriété des matériaux, ainsi que des objets d'art et de toute nature qui se trouvent dans les fouilles et démolitions faites dans les terrains appartenant à l'Etat, sauf à indemniser l'entrepreneur de ses soins particuliers.

Art. 24.

Emploi des matières neuves ou de démolition appartenant à l'Etat.

Lorsque, en dehors des prévisions du marché, le chef du service juge à propos d'employer des matières neuves ou de démolition appartenant à l'Etat, l'entrepreneur n'est payé que des frais de main-d'œuvre et d'emploi, conformément aux indications de l'article 27 ci-après.

Art. 25.

Vices de construction.

Si le chef du service présume qu'il existe, dans les ouvrages, des vices de construction, il ordonne, soit en cours d'exécution, soit avant la réception définitive, la démolition et la reconstruction des ouvrages présumés vicieux. Ces opérations ont lieu en présence de l'entrepreneur ou lui dûment convoqué.

Les dépenses en résultant sont à la charge de l'entrepreneur lorsque les vices de construction sont constatés et reconnus.

Art. 26.

Pertes et avaries en cas de force majeure.

Il n'est alloué à l'entrepreneur aucune indemnité à raison des pertes, avaries ou dommages occasionnés par négligence, retard dans l'exécution, imprévoyance, défaut de moyens ou fausses manœuvres provenant de son fait. L'entrepreneur est d'ailleurs responsable des dommages causés aux tiers par suite de retards dans l'exécution.

Ne sont pas compris dans ces dispositions les cas de force majeure signalés par écrit, dans le délai de cinq jours au plus après l'événement, par l'entrepreneur, au chef du service; dans ce cas, néanmoins, il ne peut rien être alloué sans l'approbation du Ministre. Passé le délai de cinq jours, l'entrepreneur n'est plus admis à réclamer.

Sous la condition d'être signalés par écrit dans le délai de cinq jours, les événements fortuits entravant l'exécution des travaux peuvent, le cas échéant, donner lieu à la concession de sursis. Les sursis sont accordés par le Ministre. Toutefois, sauf en ce qui concerne les travaux de fortification, les sursis sont accordés par les directeurs locaux lorsque ces sursis, même cumulés pour un même marché, ne doivent pas excéder trente jours.

Mention est portée au registre d'ordres des communications faites par l'entrepreneur au sujet des événements ci-dessus.

Art. 27.

Règlement du prix des ouvrages non prévus.

Lorsqu'il est jugé nécessaire d'exécuter des ouvrages non prévus ou de modifier la provenance de matériaux, telle qu'elle est indiquée par le devis ou le cahier des charges spéciales, l'entrepreneur se conforme immédiatement aux ordres écrits qu'il reçoit à ce sujet ; les prix sont réglés à l'estimation d'après ceux du marché ou par assimilation aux ouvrages analogues. Dans le cas d'une impossibilité absolue d'assimilation, on prend pour terme de comparaison les prix courants du pays.

Les prix à l'estimation, calculés de manière à être passibles du rabais ou de la surenchère de l'adjudication, après avoir été débattus par le chef du service avec l'entrepreneur, sont soumis à l'approbation du directeur.

Ces prix ne servent que pour le règlement des ordres qui ont motivé leur établissement. En cas de nouvelles commandes, il y a lieu à nouvelle fixation.

Si l'entrepreneur n'accepte pas les décisions du directeur, il est statué par le conseil de préfecture.

En attendant la solution du litige, l'entrepreneur est payé provisoirement aux prix fixés par le directeur.

Art. 28.

Augmentation dans la masse des travaux.

En cas d'augmentation dans la masse des travaux, l'entrepreneur ne peut élever aucune réclamation tant que cette augmentation n'excède pas :

1° Pour les marchés sur devis et pour les marchés sur série de prix passés spécialement pour l'exécution de travaux de création, de grosses réparations ou d'améliorations, le sixième du montant total de la dépense indiquée dans le cahier des charges spéciales ;

2° Pour les marchés sur série de prix pour travaux de réparations et entretien, dans lesquels peuvent éventuellement rentrer certains travaux de création, de grosses réparations ou d'améliorations dans les limites prévues au cahier des charges spéciales, le quart de l'évaluation des dépenses par exercice indiquée audit cahier.

Si l'augmentation est supérieure à ces limites, l'entrepreneur a droit à la résiliation de son marché, sans indemnité, à condition de la demander par lettre adressée au directeur, dans un délai de deux mois, à partir de la notification de l'ordre de service dont l'exécution entraînerait l'augmentation de plus du sixième ou du quart selon le cas.

Nonobstant les dispositions qui précèdent, s'il s'agit d'un marché rentrant dans la catégorie définie à l'alinéa 2° ci-dessus, l'entrepreneur peut être tenu de continuer l'exécution du marché, sans indemnité, pendant trois mois au maximum, à dater du jour où il a formulé sa demande de résiliation.

Art. 29.

Diminution dans la masse des travaux.

I. — MARCHÉS SUR DEVIS ET MARCHÉS SUR SÉRIE DE PRIX PASSÉS SPÉCIALEMENT POUR TRAVAUX DE CRÉATION, DE GROSSES RÉPARATIONS OU D'AMÉLIORATIONS.

Lorsqu'en fin de marché il est constaté que le montant total de la dépense est inférieur de plus du sixième à l'évaluation donnée dans le cahier des charges spéciales, l'entrepreneur a droit à une indemnité ; il doit la demander dans un délai de deux mois, qui court du jour de la notification de l'arrêté du décompte définitif afférent à l'exercice dans lequel les travaux ont été terminés. En cas de contestation, l'indemnité est fixée par le conseil de préfecture.

II. — MARCHÉS SUR SÉRIE DE PRIX POUR TRAVAUX DE RÉPARATIONS ET ENTRETIEN.

Dans le cas de ces marchés, dans lesquels peuvent rentrer éventuellement certains travaux de création, de grosses réparations ou d'améliorations, dans les limites prévues au cahier des charges spéciales, lorsque le décompte définitif d'un exercice fait ressortir que le montant total de la dépense est inférieur de plus d'un quart à l'évaluation donnée au cahier des charges spéciales, l'entrepreneur n'a droit à aucune indemnité, mais il peut obtenir la résiliation de son marché en la demandant par lettre adressée au directeur dans les deux mois qui suivent le jour de la notification de l'arrêté du décompte définitif.

Nonobstant cette disposition, l'entrepreneur peut être tenu de continuer l'exécution de son marché, sans indemnité, pendant un délai de trois mois, à partir du jour où il a formulé sa demande de résiliation.

Art. 30.

Changement dans l'importance des diverses natures d'ouvrages des marchés sur devis.

Dans les marchés sur devis. lorsque les changements ordonnés ont pour résultat de modifier l'importance de certaines natures d'ouvrages, de telle sorte que les quantités prescrites diffèrent de plus d'un quart en plus ou en moins des quantités portées au devis estimatif, l'entrepreneur peut présenter, en fin de compte, une demande en indemnité basée sur le préjudice que lui auraient causé les modifications apportées à cet égard dans les prévisions du projet.

Cette disposition est applicable même dans le cas où l'entrepreneur demande, soit la résiliation de son marché, soit une indemnité par application des articles 28 et 29 ci-dessus.

Art. 31.

Variations dans les prix.

I. — MARCHÉS SUR DEVIS.

Si au cours de l'exécution de travaux ayant donné lieu à la passation d'un marché sur devis, les prix subissent une augmentation telle que la dépense totale des ouvrages restant à exécuter, d'après le devis, se trouve augmentée d'un sixième comparativement aux estimations du projet, l'entrepreneur a droit à la résiliation de son marché sans indemnité.

La résiliation doit être demandée par lettre adressée au directeur, appuyée des justifications nécessaires.

II. — MARCHÉS SUR SÉRIE DE PRIX (QUELLE QUE SOIT LA NATURE
DES TRAVAUX).

Dans le cas d'un marché sur série de prix, l'entrepreneur a
droit à la résiliation de son marché, sans indemnité, après l'arrêté du décompte définitif de l'un quelconque des exercices pour
lesquels il est passé, si, en appliquant à ce décompte définitif les
prix réellement pratiqués dans les transactions courantes, on
arrive à un total supérieur d'au moins un sixième au montant
brut dudit décompte, calculé d'après les prix de la série, sans
tenir compte du rabais ou de la surenchère du marché.

La résiliation doit être demandée par lettre adressée au directeur, dans le délai de deux mois à partir de l'arrêté du décompte définitif ; cette lettre est appuyée de toutes les justifications nécessaires.

S'il s'agit d'un marché pour travaux de réparations et entretien, dans lequel peuvent rentrer certains travaux de création, de grosses réparations ou d'améliorations dans les limites
prévues au cahier des charges spéciales, l'entrepreneur peut être
tenu de continuer l'exécution de son marché, sans indemnité,
pendant trois mois au maximum, à partir du jour où il a formulé
sa demande de résiliation.

Cette dernière disposition est applicable aux travaux de vidanges.

Art. 32.

Marchés sur série de prix auxquels ne sont pas applicables les dispositions des articles 28, 29 et 31.

Dans les cas exceptionnels où il est passé des marchés sur série de prix pour lesquels le montant des travaux n'est pas indiqué au cahier des charges spéciales, l'entrepreneur ne peut revendiquer le bénéfice des articles 28, 29 et 31 ci-dessus. Aucune
demande de résiliation ou d'indemnité basée sur les quantités ou
la nature des ouvrages ordonnés, ou encore sur le prix des matériaux à employer, ne peut être admise par l'administration.

Art. 33.

Cessation absolue ou ajournement des travaux.

Si le Ministre ordonne la cessation absolue des travaux, l'entreprise est immédiatement résiliée. S'il prescrit leur ajournement pour plus d'un an, soit avant, soit après un commencement d'exécution, l'entrepreneur a droit à la résiliation de son marché, s'il la demande, sans préjudice de l'indemnité qui, dans un cas comme dans l'autre, peut lui être allouée s'il y a lieu.

Lorsque les travaux sont ajournés pour moins d'une année, l'entrepreneur a droit seulement à une indemnité, en cas de préjudice dûment constaté.

Si les travaux ont reçu un commencement d'exécution, et si l'entrepreneur le demande, il est procédé immédiatement à la réception provisoire des ouvrages exécutés, puis, après l'expiration du délai de garantie, à leur réception définitive.

Art. 34.

Mesures coercitives.

I. — RETARD DANS L'EXÉCUTION DES OUVRAGES.

Lorsqu'un délai est imposé pour l'exécution de tout ou partie d'un ouvrage, soit par le contrat, soit par un ordre de service accepté par l'entrepreneur, celui-ci est passible, sans mise en demeure, en cas de retard, d'une pénalité basée sur le montant des travaux ou de la fourniture non exécutés à l'échéance du terme.

Cette pénalité est décomptée à raison de :

Cinquante centimes pour mille francs (0 fr. 50 p. 1.000) pour chaque jour de retard depuis le premier jour jusqu'au 40e jour inclus ;

Un franc pour mille (1 fr. p. 1.000) pour chacun des jours suivants, du 41e jour au 80e inclus;

Deux francs pour mille (2 fr. p. 1.000) pour chacun des jours suivants,

sans que le montant total de la pénalité encourue puisse dépasser le dixième de l'évaluation des travaux ou de la fourniture non exécutés au premier jour de retard.

Le montant des pénalités de retard n'est pas compris dans les retenues de garantie prévues à l'article 44 ci-après.

II. — DEMANDE D'EXONÉRATION DES PÉNALITÉS.

L'application des dispositions du paragraphe I, ci-dessus, donne lieu, dans chaque cas d'espèce, à l'établissement d'un « état de pénalités » qui est communiqué à l'entrepreneur, en même temps qu'une « feuille de propositions » adressée au Ministre et sur laquelle l'intéressé peut consigner ses observations où réclamations.

Si l'entrepreneur n'accepte pas purement et simplement la pénalité et formule une demande d'exonération, totale ou partielle, le montant de la pénalité est défalqué des mandats d'acomptes établis en sa faveur et le mandat de solde ne peut lui être délivré tant que le Ministre n'a pas statué sur la demande d'exonération.

Toutefois, l'entrepreneur qui aura encouru une pénalité pourra, après l'exécution complète des travaux et après en avoir fait la demande, obtenir immédiatement le payement du solde de son entreprise sous déduction des sommes portées sur l'état des pénalités.

III. — Inexécution des obligations de l'entrepreneur.

Lorsque l'entrepreneur ne se conforme pas, soit aux dispositions du marché, soit aux ordres de service écrits qui lui sont donnés, un ordre du directeur, sur la proposition du chef du service, le met en demeure d'y satisfaire dans un délai déterminé. Ce délai, sauf le cas d'urgence, n'est pas inférieur à dix jours, à dater de la notification de la mise en demeure.

Passé ce délai, si l'entrepreneur n'a pas exécuté les dispositions prescrites, le directeur, par un second ordre, ordonne l'établissement d'une régie aux frais de l'entrepreneur. Dans ce cas, il est procédé immédiatement, en sa présence ou lui dûment appelé, à l'inventaire descriptif du matériel de l'entreprise.

Il en est aussitôt rendu compte au Ministre, qui peut, soit ordonner une nouvelle adjudication aux risques et périls de l'entrepreneur, soit prononcer la résiliation pure et simple du marché, soit prescrire la continuation de la régie.

Pendant la durée de la régie, l'entrepreneur est autorisé à suivre les opérations, sans pouvoir toutefois entraver l'exécution des ordres du chef du service.

Il peut être relevé de la régie s'il justifie des moyens nécessaires pour reprendre les travaux et les mener à bonne fin.

Les excédents de dépenses résultant de la régie ou de l'adjudication aux risques et périls sont prélevés, par voie de précompte, sur les sommes dues à l'entrepreneur, sans préjudice des droits à exercer contre lui en cas d'insuffisance.

S'il y a, au contraire, de ce chef, diminution dans les dépenses, le bénéfice en reste acquis à l'administration.

Les actes frauduleux peuvent, indépendamment des poursuites judiciaires prévues par l'article 72 ci-après, faire exclure l'entrepreneur de toute participation aux marchés de la guerre. Cette exclusion est prononcée par le Ministre, qui peut également appliquer cette mesure aux entrepreneurs contre lesquels sont relevés des manquements graves aux engagements pris, sans qu'il soit nécessaire que ces manquements présentent le caractère frauduleux.

Art. 35.

Cas de guerre.

Sauf indications contraires contenues dans les cahiers des charges spéciales, le cas de guerre ne dégage pas l'entrepreneur des obligations qu'il a contractées. Toutefois, si les conditions du marché ont été profondément modifiées du fait de la guerre, l'entrepreneur est admis à réclamer au Ministre, sauf recours au conseil de préfecture, soit la résiliation pure et simple du traité, soit le payement d'une indemnité équitable.

En tous cas, dans un délai de quinze jours à compter du jour de la notification de l'approbation du marché à l'adjudicataire, celui-ci fait connaître au chef du service s'il est susceptible d'être appelé sous les drapeaux. Dans l'affirmative, l'entrepreneur doit désigner le fondé de pouvoir chargé de le suppléer dans l'exécution du marché pendant la durée des hostilités.

Art. 36.

Décès, faillite ou liquidation judiciaire de l'entrepreneur.

En cas de décès de l'entrepreneur, le contrat est résilié de droit, sauf à l'administration à accepter, s'il y a lieu, les offres que peuvent faire les héritiers pour continuer les travaux.

En cas de faillite de l'entrepreneur, le contrat est résilié de plein droit, sauf à l'administration à accepter, s'il y a lieu, les offres qui peuvent être faites par les créanciers, pour continuer l'entreprise.

Lorsque l'entrepreneur suspend ses payements et est admis au bénéfice de la liquidation judiciaire, le contrat est, comme pour la faillite, résilié de plein droit, si l'entrepreneur n'est pas autorisé par le tribunal à poursuivre l'exploitation de son industrie.

Si, au contraire, le tribunal autorise l'entrepreneur à continuer son industrie, ce dernier est tenu de satisfaire aux obligations de son marché et ne peut en être déchargé que par autorisation spéciale du Ministre.

TITRE III.
Règlement des dépenses.

Art. 37.
Bases du règlement des comptes.

I. — TRAVAUX.

A défaut de stipulations spéciales dans le marché, les comptes sont établis d'après les quantités et ouvrages réellement effectués, suivant les dimensions et les poids constatés par des métrés et des pesages faits en cours ou en fin d'exécution, sauf dans les cas prévus par l'article 21, et les dépenses sont réglées d'après les prix indiqués au marché (1).

L'entrepreneur ne peut, dans aucun cas, pour les métrés et pesages, invoquer en sa faveur les us et les coutumes.

II — FOURNITURE D'OBJETS MOBILIERS.

Lorsque le marché comporte par exception la fourniture de matériaux ou d'objets destinés à constituer des approvisionnements, les dépenses relatives à ces matériaux et à ces objets donnent lieu à l'établissement de factures spéciales, conformément aux dispositions réglementaires concernant la comptabilité-matières, et ne sont pas comprises dans le décompte des travaux.

Art. 38.
Attachements; communication des pièces à l'entrepreneur.

Les attachements sont pris au fur et à mesure des travaux, par l'agent chargé de la surveillance, en présence de l'entrepreneur et contradictoirement avec lui ; celui-ci doit les signer au moment de la présentation qui lui en est faite.

Si l'entrepreneur refuse de signer ces attachements ou ne les signe qu'avec réserves, il lui est accordé un délai de dix jours, à dater de la présentation des pièces, pour formuler par écrit ses observations. Passé ce délai, les attachements sont censés être acceptés par lui, comme s'ils étaient signés sans réserves.

Dans le cas de refus de signature ou de signature avec réserves, il est dressé procès-verbal de la présentation et des cir-

______

(1) Les calculs sont poussés jusqu'aux centimes en négligeant toute fraction inférieure.

constances qui l'ont accompagnée. Le procès-verbal est annexé aux pièces non acceptées.

Les résultats des attachements inscrits sur les carnets ne sont portés en compte qu'autant qu'ils ont été admis par le chef du service.

Les entrepreneurs peuvent faire prendre copie, dans les bureaux du chef de service, des livrets nominatifs, carnets-journaux, registre de comptabilité et décomptes définitifs. Ils peuvent aussi consulter sur place les feuilles d'attachements, mais ils ne doivent jamais en prendre copie sans autorisation du chef de service.

Art. 39.

Décomptes provisoires.

Il est dressé tous les deux mois un décompte provisoire des ouvrages exécutés et des dépenses faites, pour servir de base aux payements d'acomptes.

L'intervalle entre les décomptes successifs peut être réduit, si des règlements spéciaux à certaines catégories d'entrepreneurs le prescrivent, ou si l'administration le juge utile.

Art. 40.

Décomptes définitifs en fin d'exercice ou d'entreprise.

En fin d'entreprise et à la fin de chaque exercice, il est dressé par le chef du service un décompte des travaux exécutés pendant l'exercice.

L'entrepreneur est invité, par un ordre de service dûment notifié, à venir prendre connaissance, dans les bureaux du chef du service, de ce décompte, auquel sont joints les carnets et les pièces à l'appui, et à le signer pour acceptation ; procès-verbal est dressé de la présentation qui lui en est faite et des circonstances qui l'ont accompagnée.

S'il refuse d'accepter, ou ne signe qu'avec réserves, il doit, dans les trente jours qui suivent la notification de l'ordre de service mentionné au deuxième alinéa du présent article, formuler par écrit ses réclamations en dehors de celles périmées par application des articles 10 et 38 ci-dessus.

L'entrepreneur n'est admis à élever aucune réclamation au sujet des pièces ci-dessus indiquées, après ledit délai de trente jours; passé ce délai, le décompte est censé accepté par lui, quand bien même il ne l'aurait signé qu'avec des réserves dont les motifs ne seraient pas spécifiés.

Le procès-verbal de présentation reste annexé aux pièces **non** acceptées.

Art. 41.

Revision des prix.

Lorsque, par suite de variation dans le taux des salaires ou la durée de la journée de travail, la revision du bordereau des salaires normaux aura été effectuée et que les nouvelles fixations du bordereau revisé dépasseront en plus ou en moins la limite de 33 p. 100, soit desdits salaires, soit de la durée de la journée de travail, une revision correspondante des prix du marché autres que les prix de fourniture des matériaux ou de location des machines pourra être réclamée par l'entrepreneur ou effectuée d'office par l'administration.

Il est également tenu compte à l'entrepreneur, en plus ou en moins, des augmentations ou des diminutions apportées après la passation du marché, aux droits perçus par l'Etat, les départements ou les communes, et frappant directement les matériaux entrant dans les ouvrages qui font l'objet du marché, à l'exception des droits de douane, lesquels ne donnent jamais lieu à compensation.

En dehors de ces cas, l'entrepreneur n'est jamais admis à discuter les prix du marché qui ont été consentis par lui.

Art. 42.

Reprise du matériel en cas de résiliation.

Dans les cas de résiliation prévus par les articles 9, 28, 29, 31, 33, 34 et 36, l'administration n'est pas tenue d'acquérir le matériel existant sur les chantiers et pouvant servir à l'achèvement des travaux ; d'autre part, cette cession ne peut jamais être imposée à l'entrepreneur ou à ses ayants droit. La reprise du matériel ne pourra résulter que de conventions amiables.

Dans tous les cas de résiliation, l'entrepreneur est tenu d'évacuer les chantiers, magasins et emplacements utiles à l'achèvement des travaux et situés sur les terrains appartenant à l'Etat dans le délai fixé par l'administration.

Les matériaux approvisionnés par ordre et déposés sur les chantiers, s'ils remplissent les conditions du marché, sont acquis par l'Etat au prix de l'adjudication ou à dire d'experts, à défaut d'entente amiable.

Les matériaux qui ne sont pas déposés sur les chantiers ne sont pas portés en compte à moins de stipulations spéciales inscrites dans le cahier des charges spéciales ou le devis de l'entreprise.

TITRE IV.

Payements.

Art. 43.

Payement par virement (1).

L'Etat se libérera des sommes dues en exécution des marchés de travaux par simple virement de compte, conformément aux dispositions du décret du 20 juin 1916 (2).

A cet effet, l'entrepreneur fera connaître lors de sa soumission la caisse ou la banque à laquelle il a un compte de dépôt ouvert à son nom, ainsi que le numéro de ce compte (3).

Art. 44.

Payements d'acomptes.

Tous les deux mois, en principe, et plus souvent, si des règlements spéciaux à certaines catégories d'entrepreneurs le prescrivent ou si l'administration le juge utile, l'entrepreneur reçoit des acomptes, sur la production de certificats dans lesquels le chef du service évalue l'importance des travaux exécutés et des approvisionnements réalisés sur les chantiers.

Ces acomptes ne doivent pas excéder, soit les 5/6, soit les 11/12 des droits constatés par le chef du service, suivant qu'il s'agit de travaux ordinaires ou de travaux extraordinaires (4), ce qui est indiqué au cahier des charges spéciales.

Les sommes dont les entrepreneurs pourraient être débiteurs envers l'Etat sont déduites des mandats d'acompte. La délivrance des acomptes n'est pas retardée lorsque les dates d'achèvement des travaux ou des livraisons donnent lieu à des péna-

---

(1) Cet article n'est applicable qu'aux marchés passés dans la métropole, l'Algérie et la Tunisie.

(2) *Bulletin officiel*, édition méthodique, volume 24.

(3) Lorsque la demande en aura été faite par l'entrepreneur, le payement des sommes inférieures à 500 francs aura lieu par mandat-carte, conformément aux dispositions du paragraphe 2 du décret du 20 juin 1916.

(4) Article 143 du décret du 3 avril 1869.

lités sur lesquelles il resterait à se prononcer ; réserve est faite du montant de ces pénalités par la retenue opérée sur les droits constatés.

Art. 45.

Réception provisoire.

Immédiatement après l'achèvement des travaux, il est procédé à l'examen et, à moins d'impossibilité, à la réception provisoire par le chef du service, en présence de l'entrepreneur, ou lui dûment appelé par écrit. Cette opération fait l'objet d'une inscription au registre d'ordres.

Si l'entrepreneur fait défaut, il en est fait mention au registre; il ne peut, en aucun cas, se prévaloir de son absence.

Art. 46.

Réception définitive.

Il est procédé de même à la réception définitive après l'expiration du délai de garantie.

A défaut de stipulation expresse dans le cahier des charges spéciales ou le devis, ce délai est d'un an pour les gros ouvrages à partir de la réception provisoire.

Pendant ce délai, l'entrepreneur reste responsable de ses ouvrages et est tenu de les entretenir, sans préjudice de l'action en garantie prévue par les articles 1792 et 2270 du Code civil.

Art. 47.

Payement pour solde.

Le payement pour solde des travaux exécutés pendant l'exercice est effectué au plus tard dans un délai de trois mois après leur réception provisoire, sans attendre l'expiration du délai de garantie qui peut être stipulé au marché, et seulement lorsque l'entrepreneur a justifié de l'accomplissement des obligations énoncées dans les articles 15 et 16.

Si l'entrepreneur n'a pas fourni ces justifications en temps utile, le montant du solde est déposé, en tout ou en partie, à la Caisse des dépôts et consignations, pour n'être ensuite délivré à l'entrepreneur que sur le vu d'un certificat du directeur du service constatant que les prescriptions énoncées au paragraphe précédent ont été remplies.

Si, en raison de contestations sur le montant du solde, l'entrepreneur refuse de le recevoir, le versement à la Caisse des dépôts et consignations libérera l'Etat de toute obligation relative aux délais de payement.

Les mandats de payement intégral ou pour solde sont appuyés des justifications prescrites par le règlement du 3 avril 1869 (1).

La prise en charge mentionnée sur les factures tient lieu de certificat d'exécution du service.

Art. 48.

Intérêts pour retard de payement.

Les payements ne pouvant être faits qu'au fur et à mesure des fonds disponibles, il ne sera jamais alloué d'indemnité, sous aucune dénomination, pour retard de payement pendant l'exécution des travaux.

Toutefois, si l'entrepreneur ne peut être entièrement soldé dans les trois mois qui suivent la réception provisoire régulièrement constatée, il a droit à des intérêts calculés d'après le taux légal, pour la somme qui lui est due. Ces intérêts ne lui sont dus qu'à partir du jour du dépôt constaté d'une mise en demeure adressée au chef de service.

TITRE V.

Contestations.

Art. 49.

Réclamations au sujet de contestations.

Toutes les réclamations autres que celles périmées dans les délais fixés par les articles 10, 38 et 40 ci-dessus, y compris les demandes de rétablissement de chiffres omis ou de redressement d'erreurs de calcul, doivent être produites, à peine de forclusion, dans un délai maximum de six mois, à dater de la notification faite, conformément aux dispositions de l'article 40, du dernier décompte définitif de l'entreprise.

Le mémoire de l'entrepreneur doit être adressé au Ministre, par l'intermédiaire du directeur, qui inscrit la date de sa pro-

---

(1) Edition méthodique, volume 24 *ter*.

duction sur le registre des titres de créance et en donne récépissé à l'intéressé. Ce mémoire indique les motifs et le montant de chaque réclamation.

Lorsque la décision du Ministre ne donne pas satisfaction à l'entrepreneur, celui-ci peut, soit faire une demande de transaction ou d'examen par le comité consultatif de règlement amiable des entreprises de travaux publics de constructions militaires, soit porter ses réclamations devant le conseil de préfecture compétent.

Si, dans le délai de six mois, à dater de la notification ci-dessus, l'entrepreneur n'a fait aucune demande de transaction ou d'examen par le comité, ou s'il n'a pas porté ses réclamations devant le conseil de préfecture compétent, il sera considéré comme ayant adhéré à ladite décision et toute réclamation se trouvera éteinte.

Il peut également suivre les mêmes voies que ci-dessus dans le cas où le Ministre n'aurait pas répondu dans un délai de trois mois aux réclamations à lui adressées.

Art. 50.

Jugement des contestations.

Hors le cas d'arbitrage prévu par la loi du 17 avril 1906, toute difficulté entre l'administration et l'entrepreneur concernant le sens ou l'exécution des clauses du marché est portée, conformément aux dispositions de la loi du 28 pluviôse an VIII, devant le conseil de préfecture qui statue, sauf recours au Conseil d'Etat.

TITRE VI.

Conditions du travail.

Art. 51.

Emploi des ouvriers étrangers.

A moins d'une dérogation formelle insérée au cahier des charges spéciales, et résultant d'une décision prise personnellement par le Ministre, l'emploi des étrangers est interdit sur les chantiers des ouvrages de fortifications, y compris les bâtiments militaires situés dans l'intérieur de ces ouvrages.

Pour les travaux afférents aux bâtiments militaires autres que ceux situés dans l'intérieur des ouvrages de fortification, l'emploi de ces ouvriers peut être toléré dans la proportion fixée au cahier des charges spéciales.

Dans tous les cas, l'emploi de contremaîtres ou surveillants étrangers est interdit sur les chantiers de travaux militaires, à moins d'une autorisation spéciale délivrée par le Ministre.

Toutefois, en Algérie, le général commandant le 19e corps d'armée, et, en Tunisie, le général commandant la division d'occupation, agissant au nom et par délégation du Ministre de la guerre, pourront, sur la proposition du chef de service, autoriser l'emploi d'étrangers comme surveillants ou contremaîtres dans les chantiers de travaux militaires.

Art. 52.

Interdiction du marchandage.

Le marchandage est interdit à l'entrepreneur (chapitre IV, titre II, du livre I du Code du travail et de la prévoyance sociale).

Art. 53.

Salaires.

Les salaires que l'entrepreneur s'engage à payer à ses ouvriers ne peuvent être inférieurs aux taux indiqués dans un bordereau, dit des salaires normaux, inséré au cahier des charges spéciales et affiché, aux frais de l'entreprise, en des points du chantier à déterminer par le chef du service. Ce bordereau indique également la durée du travail journalier par profession.

Les salaires des ouvriers sont payés sur les chantiers ou dans leur voisinage lorsque le chef du service estime que leur importance le justifie.

Un agent de l'administration peut assister à la paye des ouvriers toutes les fois que le chef du service le juge utile. Cet agent reçoit, s'il y a lieu, les réclamations et les transmet, pour examen, à l'administration.

L'entrepreneur doit, à toute réquisition, communiquer au chef du service ou à son delegue, les feuilles de paye des ouvriers, indiquant pour chacun d'eux les heures de travail ainsi que le salaire payé.

Art. 54.

Durée du travail des ouvriers ou employés des deux sexes.

La durée du travail effectif des ouvriers ou employés de l'un et l'autre sexe et de tout âge ne peut excéder en France, en Algérie ou aux colonies, soit huit heures par jour, soit quarante-huit heures par semaine, soit une limitation équivalente établie sur une période de temps autre que la semaine (1). La répartition des heures de travail est fixée par profession, par industrie, par commerce ou par catégorie professionnelle pour l'ensemble du territoire ou pour une région, par les règlements d'administration publique rendus pour l'application de la loi du 23 avril 1919.

Art. 55.

Heures supplémentaires de travail.

Les heures de travail effectuées au delà de la limite assignée en vertu de dérogations temporaires seront considérées comme heures supplémentaires et payées dans les conditions prévues dans chaque industrie par les règlements d'administration publique visés à l'article précédent.

Les demandes de dérogation de cette nature pour travaux urgents exécutés dans l'intérêt national seront adressées au Ministre de la guerre, qui les soumettra avec son avis au Ministre du travail.

Les salaires des heures supplémentaires de travail sont passibles d'une majoration fixée au bordereau des salaires normaux.

Art. 56.

Salaires réduits.

Si l'entrepreneur emploie des ouvriers que leur aptitude physique met dans une condition d'infériorité notoire sur les ouvriers de la même catégorie, il peut leur appliquer, exceptionnellement, un salaire inférieur au salaire normal.

---

(1) Loi du 23 avril 1919, chapitre II du titre I⁰ du livre II du Code du travail et de la prévoyance sociale.

La proportion maxima de ces ouvriers et la réduction maxima à faire subir aux salaires normaux sont indiquées au cahier des charges spéciales.

Art. 57.

Travail à l'heure.

Lorsque, sur l'ordre écrit du chef du service, les travaux doivent être décomptés à l'heure, les heures de travail des ouvriers sont payées à l'entrepreneur aux prix du bordereau des salaires normaux, après que ces prix auront été majorés de vingt pour cent (20 p. 100) pour tenir compte des faux frais et bénéfices.

Moyennant cette majoration, l'entrepreneur est tenu de fournir et d'entretenir tous les outils, apparaux, engins et échafaudages nécessaires pour l'exécution du travail et d'assurer l'éclairage en cas de travail de nuit.

Les sommes ainsi payées à l'entrepreneur pour travaux à l'heure ne seront pas passibles soit du rabais, soit de la surenchère résultant du contrat.

Art. 58.

Payement des ouvriers.

Conformément aux dispositions de la section I, chapitre II, titre III, livre I du Code du travail et de la prévoyance sociale sur le payement des salaires des ouvriers et employés, l'entrepreneur paye ses ouvriers deux fois par mois, à seize jours au plus d'intervalle, ou à des époques plus rapprochées, si l'administration le juge nécessaire.

En cas de retard régulièrement constaté, l'administration, par application des lois des 26 pluviôse an II et 25 juillet 1891, se réserve la faculté de faire payer d'office les salaires arriérés sur les sommes dues à l'entrepreneur.

Art. 59.

Payement de salaires insuffisants.

S'il est dûment constaté qu'un ouvrier a été payé à un taux inférieur à celui indiqué au bordereau des salaires normaux, l'entrepreneur est mis en demeure, par la voie de l'ordre, de s'acquitter immédiatement de ce qui reste dû à l'ouvrier.

Si l'entrepreneur ne se conforme pas à cette mise en demeure, les différences de salaires dues à l'ouvrier lui sont payées directement par l'administration et sont précomptées sur les sommes dues à l'entrepreneur, sans préjudice des droits à exercer contre lui en cas d'insuffisance.

Art. 60.

Secours aux ouvriers victimes d'accidents.

Sont à la charge de l'entreprise toutes les dépenses du service médical de l'entreprise, les soins et secours à donner aux ouvriers victimes d'accidents survenus sur les chantiers et les indemnités à allouer à ces ouvriers ou à leurs ayants cause.

Art. 61.

Infractions aux conditions du travail.

Si l'entrepreneur contrevient aux dispositions ci-dessus, le Ministre a le droit, après une simple constatation du chef du service, de prononcer la résiliation du marché. Cette résiliation pourra être, soit pure et simple, soit accompagnée de la passation d'un nouveau marché aux risques et périls de l'entrepreneur.

Art. 62.

Revision des salaires.

Le bordereau des salaires normaux peut être revisé sur la demande de l'entrepreneur ou des ouvriers lorsque des variations dans les taux des salaires ou dans la durée du travail journalier auront reçu une application générale dans l'industrie en cause.

Cette revision est faite par les soins du chef du service qui doit :

1° Se référer, autant que possible, aux accords entre les syndicats patronaux et les ouvriers de la localité ;

2° A défaut de cette entente, provoquer l'avis de commissions mixtes composées en nombre égal de patrons et d'ouvriers et, en outre, se munir de tous renseignements utiles auprès des syndicats professionnels, conseils de prud'hommes, ingénieurs, architectes départementaux et communaux et autres personnes compétentes.

La décision prise par le chef du service ne peut avoir d'effet rétroactif. Toutefois, les nouveaux salaires seront en général payés à partir du jour de la demande de revision.

Art. 63.

Retraites ouvrières (1).

Le titulaire du marché justifiera, en ce qui concerne le personnel occupé, qu'il se conforme aux obligations de la loi des retraites ouvrières et paysannes; qu'à cet effet, il effectue le précompte de la cotisation ouvrière lors de chaque paye, dans les conditions prévues par les lois en vigueur, et appose les timbres représentant la double contribution sur les cartes de ses salariés.

Pour les salariés qui ne présenteraient pas leur carte, il usera des moyens de se libérer que lui offre l'article 23 de la loi, paragraphe 2, en versant, à la fin de chaque mois, directement ou par la poste, ses contributions patronales au greffe de la justice paix ou à l'organisme reconnu par la loi auquel serait affilié l'assuré. Sur la demande de l'administration, il produira les récépissés constatant qu'il a usé de cette faculté.

A défaut, il justifiera avoir dans sa comptabilité un compte spécial d'assurance-retraite où il inscrira, avec affectations nominatives, celles de ses contributions patronales qui ne sont pas acquittées en timbres. A cet effet, sur la demande de l'administration, il devra faire la preuve que le total des sommes inscrites mensuellement au crédit de ce compte spécial correspond globalement au nombre des ouvriers qui n'ont pas présenté leurs cartes, et qu'à la fin de chaque année, le total de ces sommes figure en passif au bilan.

Art. 64.

Interdiction d'employer les composés plombiques.

L'emploi des composés plombiques est interdit pour la préparation des peintures et des mastics.

Art. 65.

Algérie (2).

Le décret du 10 août 1899 est applicable à l'Algérie. Toutefois, en cas d'impossibilité absolue dont le gouverneur géné-

---

(1) Cet article ne s'applique qu'aux marchés exécutés dans la métropole.
(2) Décret du 21 septembre 1913.

ral est seul juge, il peut être dérogé aux dispositions concernant le paiement aux ouvriers du salaire normal et courant de la ville ou de la région dans laquelle le travail est exécuté.

En second lieu, il peut, en cas d'impossibilité, être passé outre à la consultation des commissions mixtes à défaut d'entente entre les syndicats patronaux et ouvriers.

Art. 66.

Tunisie.

Les entrepreneurs des travaux de construction militaires en Tunisie sont soumis aux dispositions en vigueur dans la régence, en ce qui concerne les conditions du travail.

TITRE VII.

Clauses diverses.

Art. 67

Représentants du service militaire.

Le représentant du service militaire vis-à-vis de l'entrepreneur est le chef du service (1), qui peut déléguer tout ou partie de ses pouvoirs aux officiers, ingénieurs ou agents sous ses ordres. Cette délégation est notifiée à l'entrepreneur.

Art. 68.

Personnel de l'entreprise.

Les commis et chefs d'atelier doivent être de nationalité française.

Art. 69.

Conservation des plans, croquis d'exécution et documents écrits.

Conformément aux dispositions de la loi qui établit des pénalités contre l'espionnage (2), l'entrepreneur est personnelle-

---

(1) Le chef du service désigné dans le présent cahier est :

Dans le service de l'artillerie, l'officier désigné par le Ministre ou par le directeur pour le service des bâtiments dans l'établissement ou dans l'arrondissement ;

Dans le service du génie, le chef du génie :

Dans le service des poudres et salpêtres, l'ingénieur directeur de l'établissement.

(2) Loi du 18 avril 1886 (articles 1, 4 et 5) (vol. 594).

ment responsable de la conservation des plans, croquis d'exécution ou documents écrits divers qui lui sont remis par l'administration en vue de l'exécution des travaux ou pour toute autre cause.

Art. 70.

Hospitalisation des ouvriers civils victimes d'accidents.

Les ouvriers civils, victimes d'accidents, peuvent être traités dans les hôpitaux militaires.

L'entrepreneur est tenu d'acquitter le montant des journées de traitement d'après les décomptes établis.

En cas de non-payement dans les huit jours qui suivent la notification administrative de ce décompte, le montant en est retenu sur le premier mandat à délivrer à l'entrepreneur.

Art. 71.

Emploi de la main-d'œuvre militaire.

Lorsque des militaires ou des prisonniers de guerre ou des détenus militaires sont employés à l'exécution des travaux, ils sont payés directement par l'administration militaire.

L'entrepreneur est tenu de leur fournir le matériel aux prix fixés au marché.

Il ne peut élever aucune réclamation au sujet de l'emploi de la main-d'œuvre militaire, et il a seulement le droit d'invoquer, le cas échéant, le bénéfice des articles 28 à 31 ci-dessus.

Art. 72.

Application des articles 430, 431 et 433 du Code pénal.

L'entrepreneur et ses agents sont passibles des peines prononcées par les articles 430, 431 et 433 du Code pénal, dans les cas prévus par ces articles.

Art. 73.

Droits de timbre et d'enregistrement.

L'entrepreneur est soumis, notamment en ce qui concerne les droits de timbre et d'enregistrement des comptes et pièces justificatives, aux dispositions du règlement sur la comptabilité des dépenses du Département de la guerre, ainsi qu'aux dispositions du décret portant règlement sur les travaux de constructions militaires

Art. 74.

Prorogation facultative des marchés d'entretien et de vidanges.

L'administration se réserve la faculté de proroger les marchés d'entretien et de vidanges pendant un délai qui ne peut pas dépasser trois mois.

Notification de cette prorogation et de sa durée est adressée à l'entrepreneur quinze jours au moins avant l'expiration de son marché.

TABLE DES MATIÈRES

du cahier des clauses et conditions générales applicables
aux marchés de travaux de constructions militaires.

TITRE III.

RÈGLEMENT DES DÉPENSES.

TITRE IV.

PAYEMENTS.

TITRE V.

CONTESTATIONS.

TITRE VI.

CONDITIONS DU TRAVAIL.

TITRE VII.

CLAUSES DIVERSES.

www.ingramcontent.com/pod-product-compliance
Lightning Source LLC
LaVergne TN
LVHW011411170726
843501LV00006B/2148